SOBRE EL AUTOR

Jesús Carazo (Burgos, 1944) fue durante muchos años profesor de Lengua y Literatura en institutos de varias ciudades españolas. Actualmente está jubilado.

Su obra literaria es muy variada. En los últimos años ha escrito sobre todo obras de teatro. Sus obras se han representado en España y otros países y en 2004 ganó el Premio Lope de Vega, un premio de teatro muy importante en España.

También es autor de varias novelas y autor de literatura juvenil. Una de sus novelas juveniles, *El soñador furtivo,* fue elegida en España como una de las cien mejores novelas juveniles del siglo XX.

Según ha contado el propio Jesús Carazo, *El mal de Gutenberg* nace por la experiencia que él tuvo con un grupo de alumnos a los que no les gustaba leer. Por suerte este libro sólo es una parodia de la vida en los institutos, pero, después de leerlo, a lo mejor piensas que hay algo de verdad en esta historia.

Uno

Recuerdo la fecha exacta en la que comenzó todo. Fue el 4 de febrero, el día en el que oí hablar por primera vez de los especialistas del ministerio. Don Ramón, nuestro profesor de *Lengua*, que además era nuestro *tutor*, nos contó que no sabía de qué especialistas se trataba ni por qué querían venir a nuestro instituto. Don Ramón no entendía por qué el ministerio había decidido elegirnos. Nosotros, la clase *cuarto* D, no éramos un grupo demasiado interesante. Cuando por las mañanas algún colega le preguntaba a don Ramón qué clase tenía, siempre respondía:

-¡Los *brutos* de cuarto D!

Debo decir que los alumnos de cuarto D no éramos mejores ni peores que los de cuarto C o cuarto F. Había un grupito de alumnos con algo de interés por aprender, y otro grupo, mucho más numeroso, sin ningún interés.

Pero sigo con mi historia. Cuando, ese 4 de febrero, don Ramón nos habló de la llegada del grupo de especialistas, hubo en la clase unos momentos de sorpresa. Después, algunos comenzaron a hacer comentarios sobre esta visita. La mayor parte de los comentarios eran absurdos, dichos sólo para hacer reír. Pero así éramos los alumnos de cuarto D.

Lengua, clase de Español y de Literatura
tutor/tutora, profesor o profesora responsable de una clase, o sea, de un grupo de alumnos
cuarto, los alumnos de 4° de la ESO tienen 15 o 16 años (ver ejercicios en Internet)
bruto, tonto, poco inteligente

En medio de todo el ruido, don Ramón pidió silencio. Estaba dispuesto a oír a todos, pero sólo si no hablábamos al mismo tiempo.

-Ahora puede hablar Mario. ¿No ves que Mario quiere hablar? -le gritó a Vicario, un chico con un *anillo* en la oreja.

Pasó bastante tiempo hasta que nos pudimos escuchar unos a otros. Don Ramón nos dijo que debíamos estar contentos porque el ministerio había elegido nuestro instituto, aunque nuestro instituto nunca había ganado una *olimpiada matemática* ni nada parecido. Lo dijo bien claro para recordarnos nuestros malos resultados académicos.

-¡Pero si hace dos años nuestro instituto ganó al fútbol! -dijo Grijelmo.

-Y el año pasado -dijo una de las chicas (creo que fue Silvia)- fuimos segundos en la liga de baloncesto.

-Claro, fútbol y baloncesto -dijo el profesor-. Pero yo no creo que los expertos del ministerio vengan a jugar al fútbol.

el pupitre

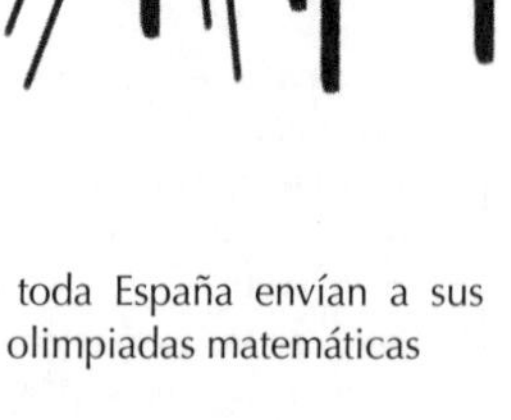

-¡No me diga que usted no tiene ni idea de lo que vienen a hacer aquí! -dijo Cardoso desde el último *pupitre* de la clase.

-Pues no, no tengo la menor idea. Tal vez sólo quie-

olimpiada matemática, los colegios de toda España envían a sus mejores alumnos en matemáticas a estas olimpiadas matemáticas

ren saber el nivel de conocimientos de los alumnos. Supongo que sólo os pedirán que contestéis un *cuestionario*.

-¿Y si no queremos? -preguntó Emilio Suárez, seguramente el más bruto de la clase.

-¡¿Pero cómo no vas a responder a un cuestionario?! -dijo don Ramón con desesperación en la voz.

-Mi padre siempre tira a la basura todos los cuestionarios que llegan a casa.

-Mira, Emilio, si no quieres responder al cuestionario, no lo hagas y ya está. Venga, ahora abrid el libro. ¡Página treinta y seis!

Pero nadie quería abrir el libro. Ya había pasado la mitad de la hora, y pensábamos que el tema era lo bastante especial como para hablar de él la otra media hora. Verónica, una rubia con un "piercing" en la nariz, dijo que a lo mejor querían examinarnos otra vez para saber si realmente podíamos estar en cuarto curso. El resto de la clase también tenía preguntas y comentarios que hacer.

-¿Hoy no damos clase, profe? -preguntó Silvia algo más tarde.

-Quedan sólo cuatro minutos -le respondió don Ramón resignado-. No pensarás que voy a comenzar a explicar la lección siguiente.

el cuestionario, hoja con preguntas

Dos

El equipo de expertos llegó tres días más tarde. Estábamos comiéndonos el bocadillo en la plaza que hay delante del instituto (durante el recreo en el instituto sólo se quedan los pequeños) cuando llegó un automóvil grande y negro. De él salieron cuatro hombres altos y serios que cruzaron la plaza casi sin mirarnos.

-Parece que vienen a *cortarnos* la cabeza -comentó Rodrigo Pérez con la boca llena.

-La cabeza o algo peor -completó Cardoso con su habitual delicadeza.

A partir de ese momento en el instituto todos tenían algo que decir: algunos pensaban que habían venido para elegir a un nuevo director, otros que pasaba algo terrible: se habían perdido los exámenes de los últimos años y todos debíamos examinarnos de nuevo. Fue don Ramón quien nos aclaró que los especialistas habían venido para *evaluar* nuestra capacidad para el estudio y nuestro interés por la cultura. O, dicho de otro modo, querían saber cuántos alumnos tenían el *mal* de *Gutenberg*.

-¿El mal de qué? -preguntó Silvia.

-De Gutenberg. Supongo que sabéis quién es Gutenberg -dijo el profesor.

Dos o tres dijeron que sí. Rubén Martínez preguntó en voz baja si no era un jugador del *Bayern*.

cortar, con un cuchillo cortamos por ejemplo el pan
evaluar, saber qué nivel tiene un alumno
el mal, la enfermedad
Johannes Gutenberg (aprox. 1400–1468), inventor de la imprenta (ver más abajo)
Bayern München, equipo de fútbol de Alemania

-Gutenberg, como todos sin duda recordáis -siguió don Ramón-, fue el *inventor* de la *imprenta*.

-¿Y qué tenemos que ver con ese Gutenberg? -preguntó Sara.

-Nosotros, querida Sarita, usamos cada día los libros, porque en los libros está todo lo que necesitamos saber para ser personas de verdad.

-Ya somos personas de verdad -dijo Sara-. ¡Y no me llame Sarita!

-Perdona, Sara. Bueno, para terminar con este tema: sabed que todos los alumnos del instituto vais a tener una entrevista con los especialistas del ministerio.

-¿Y qué nos van a preguntar? -dijo Verónica.

-Pues no sé, *hija*. Supongo que os preguntarán si os gusta leer, si os gusta estudiar...

-No hacen falta las entrevistas -dijo Sara muy contenta-. ¡A nadie le gusta estudiar!

-Eso lo dices tú, Sarita... digo, Sara. A lo mejor tus compañeros piensan de otra manera.

-¿Ah, sí? -dijo la muchacha mientras miraba a toda la clase-. ¿Hay aquí alguien que se divierta estudiando?

Nadie levantó la mano, naturalmente.

Los días siguientes hablamos mucho sobre esa famosa entrevista. Primero fueron a la entrevista los alumnos de *Bachillerato*. Después fuimos nosotros,

inventor, persona que tiene la idea de una máquina nueva
la imprenta, máquina para producir libros; antes de Gutenberg los libros se escribían a mano
hija, manera familiar y afectiva de llamar a una chica
el Bachillerato, últimos dos años en el instituto (ver ejercicios en Internet)

los de cuarto, y, como mi apellido es Alonso, me llamaron enseguida. Cuando estuve delante de la puerta, sentí una sensación rara en el cuerpo. Realmente no me gustaba la idea de hablar con un desconocido que quería saber cosas sobre mí.

Cuando entré, me tranquilizó ver que no estaban los cuatro hombres, sino sólo uno, y parecía muy amable. Me preguntó mi nombre y edad.

-Jorge Alonso, dieciséis años.

-Muy bien -dijo satisfecho con mi respuesta (desde luego, debía pensar que yo era idiota)-. ¿No te importa responder a algunas cuestiones?

Pues no, no me importaba. Para eso había venido. El hombre miró unos papeles y después me preguntó si me gustaba estudiar, si leía *novelas*, periódicos... Le respondí que me gustaba leer, y que estudiar no era un problema para mí.

-Pero, a veces, en clase, ¿no preferirías estar en otro lugar, con amigos, o estar jugando al ordenador?

-No tengo ordenador.

El hombre me miró a los ojos y daba la impresión de que no se creía lo que le contaba. Después me preguntó cuántas horas estudiaba a la semana.

-No sé, ocho o nueve -dije.

-¿Seguro?

Lo pensé y le respondí lo mismo. Luego se interesó por las novelas que había leído. Quiso saber si me acordaba de los títulos, de los momentos más emocionantes. Tuve que contarle la historia de dos o tres libros.

Desde luego, el hombre del ministerio me estaba

la novela, esto que estás leyendo es una novela

pidiendo algo más que responder sólo a unas cuestiones. Después de escribir dos cartas, el hombre notó que yo estaba cansado.

-Esta es la última prueba -dijo-. Imagínate que una chica de tu clase te gusta y deseas decírselo en una *nota anónima*. Ella debería pensar que tú podrías ser el autor de la nota, pero también algún otro amigo tuyo...

Pasé un buen rato intentando escribir ese mensaje amoroso, imposible para mí en la vida real. Como no me gustaba ninguna chica de la clase, tuve que pensar en un muchacha de la que me había enamorado en el mes de agosto. Creo que fui demasiado claro al expresar mis sentimientos, porque el hombre *se puso colorado* al leer mi nota.

Tres

Los especialistas se fueron un fin de semana y le dejaron al director un montón de *sobres* de color amarillo. Cada uno llevaba el nombre de un alumno del instituto. El lunes, don Ramón llevó los nuestros a clase.

el sobre

Dentro de los sobres sólo vimos una hoja blanca donde nos evaluaban la corrección ortográfica, el interés por la cultura, etc. (Debo decir que en mi caso la evaluación era bastante positiva).

nota anónima, hojita escrita de la que no se sabe quién es el autor
ponerse colorado, tener la cara roja; colorado significa rojo

En la última línea había, sin embargo, una abreviatura que no entendíamos: M. de G.

Silvia enseguida preguntó qué era aquello.

-Es la abreviatura de Mal de Gutenberg –explicó don Ramón-. Al lado puede leerse sí o no. ¿Qué *pone* en tu hoja, Silvia?

-Pone sí.

-Pues eso es que tienes el mal de Gutenberg.

-Profe, ¿todos los que tienen un sí están enfermos? -preguntó Rubén Manrique algo nervioso.

-Bueno, no es una auténtica enfermedad.

-Entonces, ¿qué es? -dijo Verónica-, porque también yo tengo un sí.

-Es un modo de decir en dos palabras que el alumno tiene dificultades para expresarse y comprender, además de tener poco interés por la cultura.

-¿Y eso es *grave*? -preguntó Vicario.

-Hombre, grave, grave, no es. Pero ahora me gustaría saber quiénes tienen un sí.

Un montón de brazos se levantaron en silencio.

-¿Y los que tienen un no? -preguntó el profesor.

Sólo seis levantamos la mano: Natalia, Curri, Carmela, David Serrano, Iván y yo. Los seis nos miramos: ahora éramos un grupo dentro de la clase. Parecía que algo nos separaba del resto de la clase. Las miradas de los otros compañeros de clase parecían también confirmarlo. La verdad es que yo no quería ser distinto, no quería sentirme como alguien raro.

poner, estar escrito
grave, muy malo

Muy pronto supimos que en las otras clases del instituto el número de los *afectados* (palabra que había usado por primera vez en clase don Ramón) era más o menos el mismo que en la nuestra. Y, después de unos días, a la mayoría de los afectados el mal de Gutenberg no parecía importarles demasiado. Algunos pensaban que incluso esto podía ayudarles.

la sonrisa

-Así no podrán decir nada mis padres si llego a casa con cuatro *suspensos*. ¡Como tengo el mal de Gutenberg! -decía Emilio Suárez con una gran *sonrisa*.

Una mañana, en clase de Lengua, Vicario le preguntó al profesor si, en realidad, los normales no serían ellos, los afectados, y los anormales nosotros, es decir, los que no teníamos el mal de Gutenberg.

-Es una idea interesante -dijo don Ramón- y, desde un punto de vista estadístico, tal vez tengas razón. Pero yo no pienso así.

Entonces varios alumnos empezaron a hablar en voz baja.

-¡Dilo tú! -decía Verónica.

-¡No, tú! -contestaba Silvia.

-Bueno, ¿qué pasa ahí? -preguntó don Ramón finalmente.

Silvia se puso en pie.

-Es que Verónica dice que, a ella, los libros y la palabra escrita no le importan nada, que lo que le

afectado, persona que tiene una enfermedad
el suspenso, no aprobado, inferior a una nota 5 (ver ejercicios en Internet)

gusta de verdad es la televisión.

-¡La televisión es para los tontos! -gritó don Ramón-. Sólo sirve para perder el tiempo.

-¡A veces hay buenas películas! -dijo Verónica.

-De acuerdo, pero eso es cine. Y el cine es mejor verlo en un cine.

-De todas formas... -comenzó Mario con algo de dificultad-, si lo que a todos nos gusta son las *imágenes*, el cine y la televisión, quizá es porque ya nos hemos cansado de las palabras.

-¿Nos hemos? -preguntó don Ramón nervioso y *enfadado*-. ¿Qué quieres decir con "nos hemos"?

-Pues quiero decir nosotros, la gente joven, la gente de los colegios y los institutos. A lo mejor es que la palabra ya no sirve. A lo mejor... -pensó un momento antes de seguir-, a lo mejor todo eso de los libros de estudio está *pasado de moda* y habría que enseñar de otra manera...

El chico *dejó de* hablar. La clase entera estaba escuchando.

-¿De otra manera? ¿De qué manera? -preguntó don Ramón.

-No sé, con... imágenes. Tal vez habría que enseñar con imágenes, con cine y televisión. Tal vez habría que... -dudó un momento-, habría que olvidar las palabras.

-¿Olvidar las palabras? *-rugió* don Ramón-. Mira,

la imagen, una foto o un dibujo son por ejemplo imágenes
enfadado, de mal humor, sin ganas de reír
pasado de moda, que ya no es actual
dejar de + inf., no hacer algo más, terminar con algo
rugir, los leones rugen; aquí es gritar muy alto

hijo, gracias a la palabra somos hombres, y no animales. Sin la palabra no somos nada porque con ella hemos creado el mundo y la idea que tenemos de él.

Mario miró al profesor sin creer demasiado en lo que decía. La discusión continuó y parecía *afectar* a don Ramón personalmente. Al final el profesor estuvo un rato en silencio, miró a sus alumnos y le pareció que algo estaba a punto de cambiar en aquel instituto *provinciano*. Después miró su reloj.

-¡Vaya, otro día más que nos quedamos sin clase! -dijo.

Cuatro

A partir de entonces, la vida del instituto *se fue ralentizando*. Al principio apenas se notaba. Llegaba don Fermín, el profesor de Matemáticas, y todos le decían que no querían explicaciones, que preferían hacer problemas en la *pizarra* (en realidad los problemas los hacía don Fermín mientras la clase podía hacer otras cosas).

la pizarra

A la profesora de Inglés todos le pidieron películas.

-¡Pero si ya puse ayer una película! -protestó ella.

-Pues póngala otra vez, por favor -pidió Verónica-.

afectar, ser importante algo para alguien
provinciano, de una ciudad pequeña y no de la capital Madrid
ralentizarse, ser cada vez más lento, ir poco a poco más despacio

Nos encantan las películas.

-¡Sí, sí, una película, una película! -gritó la clase.

-Es que hoy teníamos que estudiar los verbos irregulares.

-¡Mañana, mañana, los verbos mañana! -dijeron todos.

Al final la mujer nos puso una película romántica que ya habíamos visto un montón de veces.

En los demás grupos pasaba lo mismo, o al menos eso nos contaban nuestros compañeros. Cada vez que los afectados por el mal querían interrumpir la clase, los que no teníamos el mal de Gutenberg nos mirábamos con resignación. Naturalmente no podíamos decir nada, porque nadie quería ser el *blanco de las burlas* durante el resto del año.

En casa tampoco decíamos nada por miedo a la reacción de algún padre, de uno de esos padres que todavía piensan que las cosas siguen igual que cuando ellos estudiaban. En realidad yo me preguntaba cuándo *se pararía* todo o cuándo terminaría -a lo mejor otro grupo de expertos del ministerio vendría un día y todo volvería a ser como antes-. Pero no era fácil tener *esperanza* porque también los profesores aceptaban la situación. Si la clase decía que explicaban muy rápido, era seguramente porque explicaban demasiado rápido. Si la mayoría de los alumnos no quería deberes, era porque seguramente los chicos tenían demasiado que estudiar.

el blanco de las burlas, persona de la que todo el mundo se ríe
pararse, dejar de moverse, no moverse más
la esperanza, confianza en el futuro; un optimista tiene siempre esperanza

la pintada en una pared

A mediados de marzo empezaron a aparecer *pintadas* en las *paredes* del instituto. Al principio eran pintadas sencillas que decían cosas como "Tele, te amo" o "¡Vivan los del mal de Gutenberg!", pero pronto se hicieron más agresivas. Cerca de la entrada se podía leer, en rojo, "¡Abajo las palabras!". Otras pintadas pedían más pelis y menos explicaciones. Como don Gustavo, el director del instituto, quería dar siempre una imagen de tolerante, las pintadas siguieron en su sitio varios días. En el fondo eran un modo de expresarse de los chicos, nada importante. Sólo cuando las pintadas pidieron su *dimisión* decidió limpiar los mensajes más agresivos.

Pero algo seguía *creciendo* allí dentro. Las conclusiones del equipo ministerial no habían conseguido un cambio en los alumnos afectados. Más bien los habían unido y ahora parecían ser los más fuertes. Según decían los profesores de Historia, las rebeliones empiezan en los *sótanos*... ¡y en los *pasillos* de algún instituto provinciano!

la dimisión, dejar un trabajo, en este caso dejar de ser el director
crecer, ser cada vez más grande; un niño crece, los adultos ya no
el sótano, piso debajo de la tierra, normalmente sin ventanas
el pasillo, desde el pasillo se pasa a las diferentes clases

Cinco

Cuando los afectados se dieron cuenta de que eran una *poderosa* mayoría, comenzaron a sentirse como un grupo. En clase seguían pidiendo menos explicaciones y más imágenes en movimiento, sobre todo en asignaturas donde eso era posible, como Historia o Ciencias de la Naturaleza.

Don Ramón, en cambio, no quería oír hablar del tema e intentaba dar clases como antes.

-¡Ah, no, otro libro no! -dijo Vicario.

-¡Pero si sólo habéis leído un libro este año! -don Ramón le miró-. Cuando yo tenía vuestra edad, leía dos novelas al mes. Y en vacaciones...

-Eran otros tiempos -interrumpió Verónica-. Seguro que entonces no había televisión y, como usted se aburría, tenía que leer novelas.

-Claro que no. Leer me permitía vivir aventuras emocionantes...

-¡Como las películas de la tele! -dijo Silvia.

-Mira, hija -comenzó don Ramón-, las novelas y las películas son, si quieres, las dos mitades de nuestra imaginación. Pero si sólo conoces una de ellas, si sólo te interesas por una, siempre te faltará la otra mitad.

-Pero es que el libro que tuvimos que leer antes era aburridísimo -dijo entonces Mario con *repugnacia* en la cara.

-¡Sí, y todos tenemos el mal de Gutenberg! -le recordó Rubén Manrique.

Al oír aquello, la clase entera *asentía*.

poderoso, con mucho poder y energía
la repugnancia, sentimos repugnancia si vemos una rata o algo muy sucio
asentir, decir que sí

-No, de verdad -se levantó Verónica-, ¿por qué no, en vez de leer un libro aburrido, nos pide que hagamos un trabajo sencillo sobre la vida de alguno de esos novelistas antiguos, *Calderón* o *Lope*?

-No quiero que abráis una enciclopedia y copiéis un par de páginas. Lo que me interesa es que penséis vosotros mismos. ¿No lo entendéis? -dijo don Ramón desesperado.

Tras sus palabras hubo un momento de silencio. Después Sara se se puso en pie.

-Yo tengo una idea, profe.

Don Ramón miraba hacia el techo, y parecía pedir al cielo un poco de paciencia.

-A ver -decía.

-Hay una película que trata de poesías y de poetas. Se titula *"El cartero y Pablo Neruda"*. ¿Ha oído usted hablar de ella?

-Claro que he oído hablar. Incluso la he visto. Es una película estupenda.

-¿Y por qué no nos la pone en clase, profe?

-Porque es una película, no un libro de poemas.

-Pero ese señor, Neruda, era un poeta, ¿no?

-Lo era. Un magnífico poeta, Premio Nobel. Pero, *insisto*, no voy a poner la película en clase. Si queréis, podemos quedar una tarde y verla. Venga, que levanten la mano los que quieran venir un día a las cinco.

Pero nadie levantaba la mano. Tampoco nosotros, los no afectados, para no tener problemas con los demás.

Calderón de la Barca (1600–1681) y *Lope de Vega* (1562–1635) no son novelistas, sino importantes autores de teatro
El cartero y Pablo Neruda, película italiana de 1994, en original llamada "Il Postino"; Pablo Neruda (1904–1973) es un poeta chileno
insistir, repetir

Seis

A primeros de abril se decía que algunos alumnos de otras clases preparaban un misterioso proyecto. Nadie sabía qué proyecto era ni cuándo iba a realizarse, pero, unos días después, algunos chicos empezaron a decirse cosas en voz baja. Pronto los demás nos enteramos de lo que pasaba: eran los afectados del mal de Gutenberg, que habían decidido preparar una *asamblea general*. Naturalmente, los no afectados no queríamos quedarnos fuera y prometimos ir también. Sólo los profesores parecían no enterarse de nada.

Un martes, al llegar a clase, supimos que por fin íbamos a tener la asamblea durante el recreo, en el *salón de actos*. Por eso a las once todos fuimos rápidamente al salón de actos. Según creían los profesores, nos reuníamos allí para preparar las fiestas del instituto, que serían a finales de abril. Pero todos sabíamos que algo muy diferente estaba a punto de pasar.

Yo me senté en el piso de arriba, con Natalia e Iván, dos de los no afectados de mi clase. Junto a nosotros, todos los alumnos parecían muy excitados. Algunos chicos gritaban y reían, y se oía un ruido enorme.

Enseguida subieron seis o siete alumnos al *escenario* y desde allí nos pidieron silencio con las manos. Marcos, un muchacho de pelo largo que estu-

la asamblea general, reunión, encuentro de todos los alumnos
el salón de actos, salón para obras de teatro u otras actividades
escenario, ver dibujo en pág. 23

diaba primero de Bachillerato, dijo que él, como la mayoría de los que estaban allí, era un Gutenberg, alguien que nunca había leído una novela ni pensaba hacerlo en los próximos cien años. Prefería la música, el deporte, salir con los amigos...

-¿No os pasa a vosotros lo mismo? –preguntó a la *audiencia*.

Todos los alumnos respondieron que sí. Algunos empezaron a aplaudir.

-¡Entonces me pregunto -siguió el chico en voz más alta-, me pregunto si no ha llegado el momento de cambiar las cosas!

Otra vez rugió toda la sala y los cristales de las ventanas vibraron con el ruido.

-¡Y cuando digo cambiar las cosas -gritó Marcos *quitándose* el pelo de la cara-, quiero decir cambiarlas del todo! ¡Quiero decir acabar con los libros, los cuadernos, las lecciones de historia...!

Recuerdo que no pudo continuar porque toda la sala empezó a gritar y aplaudir. Los alumnos parecían *volverse locos* porque estaban oyendo exactamente lo que habían venido a escuchar. Marcos pidió silencio.

-¡Así que estamos aquí para cambiar la enseñanza! No queremos aburrirnos día tras día. No queremos pasar así nuestros mejores años. ¡Porque las clases no han cambiado desde hace veinte siglos! ¡¡Los romanos enseñaban de la misma manera!!

la audiencia, todas las personas que escuchan
quitándose, es normal usar el gerundio para dos acciones que pasan al mismo tiempo; es decir, Marcos grita y se quita (retira) el pelo de la cara
volverse loco, por ejemplo don Quijote se volvió loco y empezó a hacer cosas absurdas

escenario

-¡¡Sí, sí!! -gritaron cientos de voces. Marcos sonrió un momento y después continuó.

-¡Hay montones de cosas mucho más divertidas en el mundo! –gritó Marcos *afónico*-. ¡Ahora tenemos los videojuegos, el cine y la televisión, la música estéreo y la realidad virtual... pero el ministerio sigue poniéndonos un señor delante que sólo sabe llenar la pizarra de números y fechas! ¡¡Números y fechas!!

Con la última frase de Marcos todo el mundo gritó. Creo que ningún grupo de rock habría conseguido despertar aquel histérico entusiasmo. Incluso Iván comenzó a aplaudir a mi lado.

-No seas tonto -le dije-. ¡No son más que fantasías!

-¡Pero si tiene toda la razón! -me respondió y siguió aplaudiendo.

Natalia y yo nos miramos un momento, sintiéndonos más solos todavía.

En el escenario, Marcos pedía silencio.

-¡Es probable -siguió-, es probable que dentro de unos años se recuerde este martes de abril como el día en que todo cambió!

-¡Sí, sí, el día en que todo cambió! -repitió aquella voz que salía de todas las *gargantas*.

-Ahora -siguió Marcos casi sin voz- quiero escuchar vuestras ideas. Quiero saber lo que desearíais cambiar...

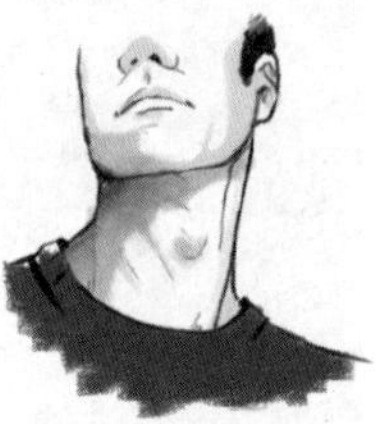

la garganta

afónico, estamos afónicos, casi sin voz, si hemos gritado mucho

Esta vez *se hizo el silencio tras* las palabras de Marcos. Después, alguien que me pareció Rubén Manrique, gritó:

-¡¡Abajo los libros!!

Un rugido confirmó la propuesta. Marcos intentó decir algo, pero su garganta estaba ya sin voz.

-¡Y las clases! -gritó una chica-. ¡No queremos más clases!

La audiencia aplaudió esta nueva idea. Marcos intentó de nuevo gritar algo, pero tampoco esta vez pudo. Entonces *se acercó a* uno de los que le acompañaban, le dijo algo en voz baja, y el muchacho salió al centro del escenario.

-¡Marcos me pide que os recuerde que vuestras propuestas deben ser realistas! ¡Tenemos que *negociarlas* con la dirección!

-¡Que venga Claudia Schiffer a darnos clases! -dijo alguien y todo el mundo se rió.

El chico desde el escenario pidió calma con las manos.

-¡Los que quieran divertirse, que se vayan a la calle! -dijo.

Otra vez se hizo el silencio hasta que alguien gritó:

-¡Queremos películas!

-¡Sí, sí, películas! -repitió la audiencia.

-¡Y menos exámenes! -dijo otro.

-¡Eso! Estamos hartos de exámenes.

-¡Y no queremos hacer dictados, ni redacciones!

-¡¡Sólo vídeos y películas!! ¡¡Vídeos y películas!!

hacerse el silencio, dejar de hablar
tras, después de
acercarse a, ir más cerca, ir en esa dirección
negociar, hablar para encontrar una solución

-comenzaron a gritar aquí y allí.

De repente sonó el timbre para indicar el final del recreo, y fue como volver a la realidad.

El chico del escenario levantó enseguida los brazos.

-¡*Quietos* todos! -dijo-. ¡Sólo saldremos de aquí para negociar!

Marcos y sus amigos estaban hablando en grupo en un lado del escenario. Entonces se abrió la puerta y Sebas, el *bedel*, dijo que teníamos que volver a clase.

-¡Venga, que vais a llegar tarde! -insistió amablemente.

Pero nadie se movió. Así pasó un minuto, y luego otro, y otro más. Se veía que ninguno de los profesores, tampoco el director, quería venir a hablar con nosotros. Después de repente se apagó al luz (imagino que fue idea del director) y allí dentro todo el mundo empezó a gritar. Poco a poco los gritos se fueron calmando y al final se oyó de nuevo la voz de Marcos completamente afónica:

-¡A las *terrazas*! ¡Todo el mundo a las terrazas!

Siete

Al oír las palabras de Marcos, los alumnos corrieron hacia el último piso del instituto. También Iván, Nata-

de repente, con esta expresión expresamos que hay un cambio muy rápido
quieto, sin movimiento
el bedel, portero, persona con las llaves de un edificio
la terraza, aquí es la parte más alta del edificio

lia y yo, claro. Ninguno de nosotros tres habíamos subido nunca a ese lugar, así que, cuando llegamos, pasamos unos minutos mirando la plaza del instituto, los edificios y los árboles del otro lado del río. Hacía un día precioso y allí arriba uno se sentía libre. Recuerdo que al principio nos mirábamos sonriendo y comentábamos lo fácil que había sido llegar hasta ese lugar. Allí estábamos, sin clase y disfrutando de unos minutos luminosos e irrepetibles.

Entretanto seguían llegando más alumnos a las terrazas. Natalia dijo que todo iba a terminar mal y que nosotros, que no éramos parte del grupo de los Gutenberg, deberíamos habernos quedado abajo.

-Si tienes miedo, puedes irte -le dijo Iván, que estaba disfrutando de la rebelión.

-No tengo miedo -dijo ella-, pero todo esto es absurdo. No conseguirán nada.

-Eso ya lo veremos -dijo Iván sonriendo.

Con los últimos alumnos llegó Marcos y la audiencia gritó *vivas* y empezó a aplaudir. Seguía afónico, pero volvía a tener algo de voz. Marcos dijo que no nos íbamos de las terrazas hasta hablar con el director, pero que, para hablar con el director, necesitaba saber qué queríamos.

Así empezó una asamblea muy movida, durante la cual se hicieron muchas propuestas divertidas y todo el mundo hablaba al mismo tiempo. Después de un rato me pareció que todo era absurdo, irreal, como un *sueño* donde uno empieza a pensar que no puede ser verdad y que es mejor despertarse.

vivas (m), aquí son los gritos "viva Marcos" o "vivan los Gutenberg"
el sueño, pensamientos que tenemos cuando dormimos

Por fin, tras un número interminable de discusiones, los Gutenberg se pusieron de acuerdo en proponer a la dirección del instituto lo siguiente:

1.° La enseñanza es terriblemente aburrida. Queremos divertirnos en clase.
2.° Sólo deseamos estudiar aquello que nos guste, que nos interese.
3.° Odiamos las redacciones, los problemas de matemáticas... En cambio nos gustaría aprender a hacer fotos, vídeos, dibujos por ordenador...
4.° Los libros de estudio son de otra época y queremos introducir progresivamente el uso de documentales, películas, imágenes virtuales...
5.° Es terrible pasar los mejores años de nuestra vida en un *aula*. Queremos hacer excursiones, ir al cine, al teatro, visitar ríos, montañas, parques zoológicos...
6.° También nos gustaría escuchar música de cuando en cuando.

Al final, todos parecían muy satisfechos con las propuestas. También Iván (que cada vez se parecía más a un Gutenberg) dijo que estábamos a punto de acabar con una enseñanza *anticuada*.

-No vamos a acabar con nada -le dijo Natalia-. Las cosas seguirán como han sido siempre.

-Pues no saldremos de aquí. ¡Nos quedaremos en la terraza hasta que cambien!

Natalia lo miró.

el aula (f.), clase, habitación donde tienen lugar las clases
anticuado, pasado de moda, que ya no es actual

-No me hagas reír -dijo-. Esto no tiene ningún sentido. Para aprender algo, es necesario hacer un *esfuerzo*. Un verdadero esfuerzo. No es como comer un helado.

-Bueno, pero las clases podrían ser más divertidas.

-No podrían -dijo ella-. Hay cosas que no son divertidas y que también debemos aprender. Y si nos pasamos la vida viendo películas y telefilmes, seremos cada vez más tontos.

Iván no le respondió. No podía decir nada ante los argumentos de su compañera de clase.

A la una y media, Sebas, el bedel, subió a las terrazas.

-El director dice que, si queréis hablar con él, os espera en su *despacho*.

Parecían saber lo que pensábamos. O tal vez habían escuchado detrás de la puerta. Marcos eligió a dos de sus compañeros y desapareció por las escaleras. Los demás nos quedamos arriba, esperando.

Fue poco después de las dos cuando Marcos volvió. Fue hacia el centro de la terraza y todos le miramos esperando sus palabras. Cuando todo estuvo en silencio completo, Marcos levantó el *puño* y gritó con voz afónica:

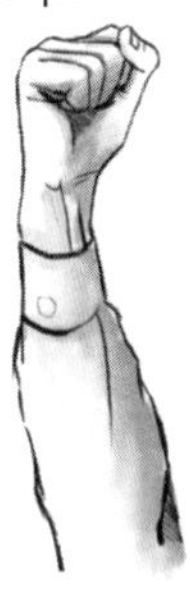

-¡Hemos ganado!

Aquellas dos palabras fueron suficiente: todo el mundo empezó a abrazarse, a gritar y aplaudir. Después de

el esfuerzo, trabajo
el despacho, habitación con escritorio, ordenador, estanterías...

unos minutos, cuando todos se habían calmado un poco, Marcos continuó hablando:

-El director me ha asegurado que mañana mismo hablará sobre nuestras propuestas con los profesores. Naturalmente no será posible cambiarlo todo en un día, pero me ha dicho que va a hacer todo lo posible por mejorar algunas cosas. Lo primero será colocar un vídeo en cada clase para que los profesores puedan poner películas. Después vendrá lo demás.

Marcos sonrió un momento. Después miró a los alumnos y gritó satisfecho:

-¡Vivan los Gutenberg!

-¡¡¡Vivan!!! -rugieron cientos de voces.

Ocho

Recuerdo que para los no afectados fue una sorpresa lo fácilmente que el director había aceptado las propuestas de los Gutenberg. David Serrano dijo que seguramente el director lo hacía para no tener problemas. Sólo faltaban unos meses para el final del curso, y después, en septiembre, ya nadie se acordaría de todo aquello.

Tres o cuatro días después empezaron a aparecer en las clases unos muebles con un vídeo y un aparato de televisión. También en nuestra clase pusieron uno. Una mañana, al llegar, lo vimos allí delante, junto a la pizarra.

Pero una cosa era tener los aparatos, y otra muy diferente utilizarlos. Algunos profesores aceptaron enseguida las propuestas del director y una o dos veces por semana llegaban con una película bajo el brazo -película que no siempre tenía mucho que ver con la asignatura que explicaban-. Otros, en cambio, intentaban dar clase de la manera tradicional. Al principio los Gutenberg protestaron un poco, pero, después de unos días, la protesta fue cada vez más clara.

-¡¡Ví-de-o!! ¡¡Ví-de-o!! ¡¡Ví-de-o!! -gritaban docenas de gargantas.

Los seis alumnos que no éramos del grupo de los Gutenberg sólo observábamos lo que pasaba y lo comentábamos después en el recreo. Con la excepción de Iván, a ninguno nos gustaba lo que estaba pasando.

-Cuando lleguemos a la universidad y se den cuenta que no sabemos nada -decía Natalia-, ¿cómo les vamos a explicar que en nuestro instituto sólo veíamos películas?

Uno de aquellos profesores para los que el mueble del vídeo parecía invisible era don Ramón. Un día, algunos de mis compañeros quisieron saber lo que pensaba del aparato.

-¿No ha visto lo que tenemos en clase? -le preguntó Sara *con muy mala idea*.

-¿Qué?

-El televisor. ¿No lo ha visto? Está ahí, junto a la pizarra. ¿Qué le parece?

-Me parece -dijo don Ramón- que es mucho más fácil que este aparato entre en una casa que hacerlo salir otra vez.

-¡Éste se va a quedar aquí para siempre! -dijo Verónica.

con mala idea, con mala intención, para molestar

-Pues muy bien.

-Y usted tendrá que ponernos una película de vez en cuando -siguió Sara.

-Ah, ¿sí?

-Claro, es lo que ha dicho el director.

-Yo no conozco bien estos aparatos -dijo don Ramón-. Nunca he sabido cómo funcionan.

-¡Nosotros le ayudaremos! -dijeron algunas voces.

Don Ramón respiró con calma y después intentó cambiar de tema.

-¡Venga, sacad el libro de Lengua!

-¡No, no! ¡Queremos una película! -protestaron desde los últimos pupitres.

Don Ramón se sentó y empezó a mirar su libro. Los Gutenberg cada vez eran más *insolentes*, sobre todo ahora que sabían que la dirección les *apoyaba*.

-¡Pe-lí-cu-la! ¡Pe-lí-cu-la! ¡Pe-lí-cu-la! -seguían gritando.

Un minuto más tarde, cuando los Gutenberg habían dejado de gritar, el profesor dijo:

-Página setenta y ocho.

-¡¡No, no!! ¡¡Película, película!! -gritaron otra vez los más violentos.

Don Ramón se puso en pie y fue hasta los últimos pupitres. Allí le gritó a Vicario:

-¿Te vas a *callar*?

Vicario no dijo nada y sólo miró a sus compañeros.

-¿Te vas a callar, Vicario? -repitió don Ramón.

-Todo el mundo estaba gritando -dijo el chico.

insolente, que no respeta
apoyar, ayudar
callar, no hablar

-Yo no le hablo a todo el mundo. Te hablo a ti.

-Es que el director ha prometido...

-¡Me da igual lo que diga el director! ¡Yo doy clase, no pongo películas!

-Los demás profesores las ponen -protestó Vicario.

-¡Y es que no nos gusta la Lengua! -dijo otra voz desde el otro lado de la clase.

Era Silvia. Don Ramón fue hacia ella. Ahora su cara tenía una expresión extraña y terrible.

-¿Y qué os gusta, si puede saberse? ¿La poesía? ¿El teatro?

-Nada, no nos gusta la Literatura -dijo Verónica *desafiante*.

-¡No os gusta la Literatura! ¿Y las demás asignaturas? ¿A ti qué te gusta? -le dijo a Mario, que estaba cerca-. ¿Las Ciencias Naturales, las Matemáticas?

Mario dijo que no con la cabeza. Era el día de la *sinceridad*.

-¿Y a tus compañeros? ¿Hay alguien a quien le guste algo de lo que se enseña en este instituto?

Nadie dijo nada. Al final, uno tras otro, los no afectados levantamos la mano.

-Ya lo sé -nos dijo don Ramón-. Ya sé que queréis estudiar... Pero me parece que este año va a ser muy difícil.

Sara, que como siempre intentaba hablar en nombre de toda la clase, se puso en pie. Don Ramón la miró y sus ojos tenían un *brillo* extraño.

desafiante, provocativo, con ganas de discutir o enfrentarse
la sinceridad, decir la verdad; una persona que dice la verdad es sincera
brillo, algo con luz tiene brillo; el verbo es brillar

-Oiga, profe -comenzó Sarita-, no es necesario que se enfade. Los alumnos de este instituto queremos cambiar las cosas, cambiar la enseñanza. Somos precur..., precur... -no podía decir la palabra y alguien se la dijo en voz baja-, eso, *precursores*, y comprendemos que usted no nos entienda porque la gente nunca ha comprendido a los precur...sores. Pero tiene que entender que esta vez los alumnos hemos ganado.

-¡Me parece que lo único que habéis ganado es salir del instituto tan tontos como entrasteis! -rugió don Ramón cada vez más excitado-. Ahora supongo que las notas serán: cien películas, *aprobado*; doscientas películas, notable, trescientas películas, sobresaliente... En los últimos años nadie quiere que aprendáis nada, que estudiéis nada. Sólo quieren que no molestéis en la calle. Aquí, tranquilitos... Me parece que en mi próxima vida, en vez de profesor de instituto, estudiaré para proyectar películas...

Don Ramón continuó hablando y hablando de un modo muy extraño. Se movía de un lado para otro, junto a la pizarra, y parecía haberse olvidado de nuestra existencia. Todos lo mirábamos sin decir nada: parecía un monólogo en una obra de teatro. De vez en cuando miraba hacia nosotros, pero estoy seguro de que no nos veía. Seguía diciendo frases cada vez más difíciles de comprender, y usaba palabras de nuestra asignatura, como "metáfora" o "complementos directos"... y otras más extrañas todavía, como "jubilación", "guardias"...

precursor/precursora, persona que es la primera en hacer algo
aprobado, nota 5; ver en los ejercicios de Internet cómo son las notas en España

Nueve

En los demás grupos pasaban cosas parecidas. Un grupito de profesores jóvenes parecía estar de acuerdo con los Gutenberg. No sé si lo hacían para acercarse así a los alumnos o porque realmente pensaban que la palabra escrita había muerto para siempre. Un profesor de Historia llevó un día a clase unos cómics sobre el descubrimiento de América y se los dio a sus alumnos, que estaban encantados. También supimos que algunos profesores habían decidido simplificar su asignatura y no explicaban todas las lecciones. Y lo *sorprendente* es que todos estos cambios se ajustaban perfectamente a la nueva *ley de educación* que, al parecer, pedía adaptar las clases a las necesidades y posibilidades de los alumnos.

Donde más se notaban los cambios era en las numerosas películas. El instituto parecía un edificio de multicines. Cuando uno iba por los pasillos del instituto, podía escuchar a través de la puerta de las clases música sinfónica, aviones, coches de policía o diálogos en inglés o francés. Ya casi no se oía la voz de los profesores ni sus explicaciones.

Para los no afectados, la situación comenzaba a ser dramática. Natalia dijo que había que intentar algo y hasta propuso empezar una *huelga*, pero David Serrano le explicó que los no afectados sólo éramos una pequeña minoría. De todas formas, decidimos que al día siguiente después de la clase de Lengua

sorprendente, que causa sorpresa
la ley de educación, escritos y normas donde se dice cómo tiene que ser la educación
la huelga, en una huelga los trabajadores no trabajan para protestar

iríamos a hablar con don Ramón y le contaríamos nuestras ideas para intentar cambiar la situación.

Pero la clase de Lengua del día siguiente fue bastante especial. Las protestas de los Gutenberg habían llegado hasta el director, el cual, según supimos más tarde, le *había ordenado* a don Ramón poner al menos una película a la semana. Ese día don Ramón entró en el aula con una videocasete bajo el brazo y una mirada rarísima, como la de los tigres y leones encerrados en los zoológicos.

Creo que la clase entera comprendió lo que significaba para aquel hombre tener que hacer algo que nunca había querido hacer. Durante los primeros minutos, mientras conectaba el vídeo y metía la casete, todos estuvimos en silencio. Tampoco él había dicho palabra. Cuando empezó la película, apagó las luces y se quedó de pie cerca de la puerta.

La película era muy antigua, y en ella se podía ver a don *Pío Baroja* por las calles de Madrid. El hombre entraba en librerías o se sentaba en un café a conversar con algunos amigos. Después se le veía en un pequeño jardincito, en su enorme biblioteca o leyendo un libro debajo de un árbol. Un rato más tarde, sin embargo, el hombre ya era viejísimo. Cada minuto de la película parecían ser diez años de su vida. Entonces don Pío Baroja miraba a la cámara, y su mirada me recordaba la mirada de don Ramón y también la de los tigres y los leones de los zoológicos. La película terminó con la muerte del escritor y

ordenar, decirle a alguien que tiene que hacer algo
Pío Baroja (1872–1956), conocido novelista español

las *portadas* de algunos de sus libros.

Don Ramón encendió la luz, sacó la casete y dijo irónicamente:

-Ahora seguramente todos pensáis que sabéis mucho sobre don Pío Baroja. Le habéis visto andar y leer libros. Y sabéis que escribió novelas. Así que, como ya sabemos bastante sobre Baroja, podemos ver otra película sobre *Unamuno* o *Valle Inclán*.

Don Ramón hizo una pausa y yo me di cuenta de que tenía los ojos muy rojos. Seguramente no había dormido en toda la noche.

-¡Pues no! -gritó-. ¡No tenéis ni idea de quién era Baroja porque esas imágenes sólo nos han mostrado lo menos importante de su vida! ¡Baroja está en sus novelas! ¡Ahí es donde debemos buscarlo! ¡Ahí es donde podemos enterarnos de lo que realmente le parecía este triste mundo, de lo que pensaba sobre las cosas! Yo, de niño, me iba a la cama con sus novelas. No había *placer* mayor que ir por el mar o vivir otras aventuras con los personajes de don Pío. Pero, claro, a vosotros eso de leer libros no os gusta, lo que queréis es dormir mientras veis la película.

-¡No estábamos dormidos! -dijo una voz.

Naturalmente era Sara. Don Ramón la miró desde muy lejos.

-Me da igual -dijo-. A lo mejor no estabais dormidos, pero vuestros *cerebros* sí. Veis todo lo que sale

la portada, parte exterior con el título del libro
Miguel de Unamuno (1864–1936) y *Valle Inclán* (1866–1936) son también escritores y pertenecen, como Pío Baroja, a un grupo llamado Generación del 98
el placer, algo muy agradable, que gusta mucho
el cerebro, es con lo que pensamos y está en la cabeza

por ese aparato sin pensar en nada, sin pensar en el significado de las palabras. Y es que no es lo mismo leer un libro que ver películas. ¡Esto es un instituto, no una sala de espectáculos! ¡Aquí se viene a estudiar y aprender, a enterarse de qué es lo más hermoso que el hombre ha llegado a crear en treinta siglos de cultura! ¡Y lo más hermoso que el hombre ha llegado a crear no es, desde luego, el televisor!

Al decir las últimas palabras, don Ramón *dio un puñetazo* en la mesa y *aplastó* la casete. Durante unos segundos don Ramón miró la videocasete rota sobre la mesa. Después la cogió con dos *dedos*, la tiró a la papelera y salió del aula sin mirarnos. Todavía faltaban siete minutos hasta el final de la clase.

Diez

Como don Ramón se había ido de ese modo tan raro, esa misma tarde Curri, Natalia y yo fuimos a buscarle a su despacho. Curri llamó un par de veces, pero la única respuesta fue el silencio.

-A lo mejor no está -dijo Natalia.

-Claro que está. Se pasa aquí todas las tardes -dijo Curri.

el dedo, una mano tiene cinco dedos

-Anda, inténtalo otra vez -le propuse.

Curri volvió a llamar y esta vez se oyó la voz de don Ramón al otro lado de la puerta. Una voz que parecía de otro mundo.

-¿Quién es? -le oímos preguntar.

Curri dijo que éramos nosotros y que si podíamos hablar con él.

-Claro, claro, adelante.

Cuando don Ramón abrió la puerta, vimos que tenía los pelos desordenados y nos miraba con algo de sorpresa. Estaba claro que se había quedado dormido sobre la mesa llena de libros y papeles. Esta siesta parecía no haberle ayudado mucho. Parecía tan cansado como por la mañana, en clase.

Los tres nos sentamos delante de él y Curri le habló de la necesidad de hacer algo contra la situación. Cuando terminó de hablar, don Ramón la miró unos segundos. Esperábamos una sonrisa, unas palabras de apoyo, pero lo único que dijo fue:

-No sé... Creo que las cosas no van a cambiar.

-Entonces, ¿es mejor no hacer nada? ¿Es mejor que todo siga como hasta ahora?

-Es que me parece que no hay nada que hacer -dijo don Ramón.

-¡Pues no esperaba esto de usted! ¡No esperaba oír algo así de mi profesor de Lengua! -protestó Curri.

Don Ramón la miró con una sonrisa.

-Mira, hija, me he pasado un cuarto de siglo dando clases y sé lo que digo. Los alumnos cada vez tienen menos ganas de saber, menos ganas de trabajar.

El hombre se había acercado a la ventana y miraba al exterior con una expresión muy triste. Después siguió hablando, y parecía hablar consigo mismo.

-Hubo un tiempo en que me parecía fantástico dar clase a los jóvenes, incluso tenía la impresión de que ellos eran, de alguna manera, mis... hijos. Tal vez por eso no me he casado... Creo recordar que en esos años los alumnos nos respetaban y respetaban lo que hacíamos. Ahora no. Ahora nadie quiere aprender. Los Gutenberg son sólo la *huella* visible... La verdad es que no sé quién tiene la culpa. El ministerio *ha cedido*, los profesores hemos cedido, la sociedad prefiere mirar hacia otro lado...

El hombre suspiró y los tres vimos que estaba muy cansado.

-¿Y qué va a ser de nosotros? -preguntó Natalia.

-No lo sé. Imagino que deberéis hacer un gran esfuerzo para conseguir ser algo en la vida.

Don Ramón hizo una pequeña pausa y nos miró con una mirada rápida y tristísima.

-Siento ser tan sincero -siguió-, pero ya es hora de que abráis los ojos. Si les dejáis, los Gutenberg acabarán con todos vuestros proyectos, con todas vuestras ilusiones. Vosotros queréis aprender cosas y llegar más lejos. No perdáis estos años tan importantes, no...

Don Ramón dejó de hablar. Algo había visto allá abajo, en el exterior. Recuerdo que desde mi silla sólo pude ver un grupo de chicos que iban por la calle y hacían ruido. No sé si salían del instituto o sólo pasaban por allí. Don Ramón *se enfureció*:

-¡Ahí están otra vez! ¿Podéis oírlos? Todos se ríen de la cultura, la ciencia, el arte... Van por la vida rién-

la huella, cuando andamos por la playa dejamos huellas
ceder, no resistir
enfurecerse, estar muy enfadado de repente

dose de lo que no saben, de lo que no entienden. "¡Nos aburrimos, profe, olvídese de la literatura!" ¿No les oís gritar pidiendo más música, más películas, más televisión? "Venga, profe, ¿a quién le interesa *Juan Ramón Jiménez*? ¡Ya nadie lee en estos tiempos! ¡La poesía es del siglo pasado o del anterior...!".

Al final, don Ramón casi no podía hablar. Su cara estaba blanca, sus ojos rojos. Los tres lo mirábamos sin decir nada. Sólo Natalia decidió acercarse, le cogió la mano y lo llevó otra vez a la mesa. Una vez allí, le ayudó a sentarse, y después nos dijo que era mejor dejarle solo. Curri y yo nos pusimos en pie y salimos del despacho.

-¡Se está volviendo loco! -dijo Curri mientras bajábamos las escaleras.

-¡Pobre hombre! -completó Natalia-. Quizá tendríamos que quedarnos con él.

-Si queréis, volvemos allá arriba -dije.

Pero no volvimos. Después de discutirlo un rato, nos dimos cuenta de que no sabíamos qué podíamos hacer.

Once

Esa noche dormí mal. Recuerdo que abrí los ojos varias veces debido a sueños absurdos. Estaba realmente cansado, pero, cuando llegué al instituto, lo que vi me despertó enseguida. Hacía una mañana maravillosa y en la plaza del instituto había docenas, cien-

Juan Ramón Jiménez (1881–1958), poeta español, Premio Nobel de Literatura en 1956

tos de alumnos. Todos miraban muy contentos hacia la entrada principal, que ese día estaba cerrada.

David Serrano me contó que ese día el bedel no había podido abrir la puerta. Al parecer, alguien había entrado en el instituto y había bloqueado la puerta con pupitres. Docenas de pupitres detrás de la puerta.

-Pero, ¿quién ha podido hacerlo? -dije yo.

-No tengo ni idea, pero ha sido un trabajo enorme. Han tenido que llevar los pupitres desde las aulas hasta la entrada.

-¿Tú crees que han sido los Gutenberg? -le pregunté.

-¿Y quién si no? La intención está bien clara: es alguien que no quiere que entremos en clase.

Natalia se había acercado a nosotros. Parecía impresionada.

-Pues yo no estoy tan segura -dijo.

-Ah, ¿no? Entonces, ¿quién ha sido? -preguntó David.

-Prefiero no hablar todavía, lo sabremos enseguida.

-¿Saberlo? No creo que sepamos nunca quién ha hecho esto -comentó David.

-Ya veremos -repitió ella sonriendo misteriosamente.

(Tampoco yo sabía qué podía querer decir Natalia. A esa edad, las chicas *intuyen* más cosas que nosotros.)

Durante un rato seguimos allí, esperando una respuesta. Los profesores hablaban en grupos. El director iba de un lado para otro con su móvil en la mano.

intuir, tener intuición, saber algo espontáneamente

A mi lado un chico dijo que seguramente llamaba a los *bomberos*.

De repente todos levantaron la cabeza. Había alguien allá arriba, en una ventana del segundo piso.

-¡Pero si es don Ramón! -dijo David-. Me pregunto cómo ha conseguido entrar en el instituto y llegar hasta allí.

-Don Ramón no ha entrado esta mañana, no lo creo –dijo Natalia.

-Entonces, ¿por qué está ahí?

-Espera y lo verás.

La verdad es que ver allí arriba a aquel hombre nos sorprendió muchísimo a todos. Los alumnos lo miraban divertidos y los profesores le preguntaban con *gestos* qué hacía allí dentro. Pero don Ramón parecía no verlos. Sólo esperaba. Por fin, después de unos minutos, cuando todo el mundo le estaba mirando, levantó las manos y empezó a hablar:

-¡Buenos días! -le oímos gritar.

-¡¡Buenos días!! -repitieron cientos de voces, algunos riendo.

Don Ramón volvió a levantar los brazos.

-¡Hace años, cuando yo tenía vuestra edad -comenzó en medio de un impresionante silencio-, me parecía maravilloso aprender cosas, intentar com-

el gesto, movimiento de la mano o la cabeza para expresar algo

prender el mundo! ¡En esos tiempos, todo lo que queríamos saber estaba en los libros, en las enciclopedias, en los diccionarios! ¡Admirábamos a los poetas, los novelistas, los hombres de ciencia; nos aprendíamos sus nombres y leíamos sus obras! ¡Hoy vuestros ídolos son cantantes, futbolistas, gente de la televisión...! De ellos poco o nada podemos enseñaros aquí. ¡Por eso me ha parecido que lo mejor era cerrar los institutos, cerrarlos para siempre!

Cientos de gritos y vivas interrumpieron sus palabras. Los profesores no podían creer lo que escuchaban. El director prefería no mirar la escena.

Don Ramón pidió silencio de nuevo.

-¡Como os decía -siguió con voz cansada y tranquila-, ya que no deseáis aprender lo que enseñamos en los institutos, creo que debemos cerrarlos! ¡He comenzado por el nuestro! Los profesores ya no tenemos nada que enseñaros. ¡Aprended de las máquinas, de las películas, de la televisión! De manera que, a partir de ahora, no más exámenes, no más deberes, no más clases. ¡¡El curso ha terminado!! ¡¡Podéis iros a casa!!

Una nueva ovación, ahora mucho mayor, se oyó en toda la plaza. Los chicos se abrazaban muy contentos. Los profesores movían la cabeza dramáticamente y hacían comentarios.

Natalia tenía los ojos rojos.

-Esto era lo que imaginabas, ¿verdad? -le pregunté.

-Más o menos -dijo ella.

Entonces llegó un coche de bomberos. El director rápidamente les explicó lo que pasaba. Dos de ellos consiguieron entrar por una ventana del primer piso.

la ambulancia

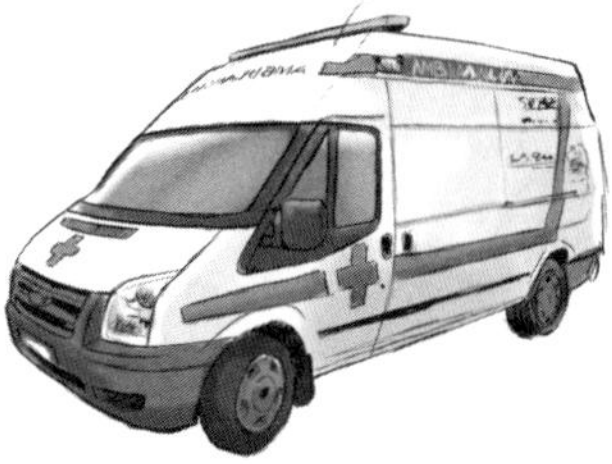

Le siguieron más bomberos y un hombre vestido de blanco que había llegado en una *ambulancia*.

Don Ramón seguía allá arriba, sonriente:

-¡Marchaos! ¡Volved a vuestras casas! -decía con una extraña calma.

Pero nadie deseaba marcharse. Todos queríamos saber lo que iba a pasar. De repente un grupito de alumnos empezó a gritar.

-¡Viva don Ramón! ¡Viva don Ramón!

Muy pronto más chicos empezaron a gritar lo mismo, y al final cientos de voces divertidas gritaban con entusiasmo:

-¡¡Vi-va-don-Ra-món!! ¡¡Vi-va-don-Ra-món!! ¡¡Vi-va-don-Ra-món!!

El hombre los saludaba desde allá arriba y movía los brazos como hacen los *papas* en la Plaza de San Pedro. Luego, detrás de él, apareció una figura blanca (debía de ser un *enfermero*) que lo cogió de la mano y lo llevó hacia el interior del edificio mientras en la plaza se oía un enorme aplauso.

Cuando todos se calmaron un poco, oímos cómo trabajaban detrás de la puerta para poder abrirla. Después de unos minutos la puerta se abrió y apareció el primer bombero. Detrás de él se veía todavía el montón de pupitres a los dos lados de la puerta.

el papa, principal persona de la Iglesia Católica; vive en el Vaticano, donde está la Plaza de San Pedro
enfermero/a, persona que cuida a los enfermos y ayuda al médico

Poco después apareció don Ramón junto al enfermero, que le cogía el brazo como a un *anciano*. Los dos cruzaron la plaza en medio del silencio. Pensé que, al verlo pasar, alguien empezaría a aplaudir o a gritar vivas, pero nadie lo hizo. Don Ramón se fue hacia la ambulancia muy lentamente, con una sonrisa en la cara.

Era la primera *víctima* de los Gutenberg.

Cuando la ambulancia desapareció, todos los alumnos empezaron de nuevo a hablar y reír. Se diría que no había pasado nada importante. El director nos hizo entrar en el instituto.

-¡Bueno, ya *hemos perdido la primera clase*! -dijo un chico cerca de mí muy contento.

Natalia y yo fuimos hacia la entrada y, cuando cruzábamos el montón de pupitres que había junto a la puerta, Natalia me cogió del brazo. Me pareció que tenía miedo. También yo lo tenía, claro. Y es que no era fácil imaginar cómo terminaría todo aquello.

anciano/a, persona vieja, con muchos años
la víctima, persona que tiene un accidente, que muere o le pasa algo parecido
perder una clase, no tener una hora de clase

Ejercicios

1. Esto pasa en la novela

1) ¿Es 4°D, la clase de Jorge Alonso, especialmente mala?
2) ¿Para qué llegan los especialistas del ministerio al instituto?
3) Los alumnos reciben una hoja con su evaluación. ¿Qué significa la abreviatura M. de G.? ¿Cuántos alumnos tienen un „sí" tras la abreviatura?
4) En clase de Lengua y Literatura los alumnos discuten sobre la televisión. ¿Qué piensa la mayoría de los alumnos y qué piensa don Ramón sobre la televisión?
5) Sara le propone a don Ramón ver en clase la película „El cartero y Pablo Neruda". ¿Quiere don Ramón poner la película?
6) En el instituto empieza a haber protestas y aparecen pintadas en las paredes. ¿Qué expresan esas pintadas?
7) ¿Por qué organizan los Gutenberg una asamblea general en el salón de actos del instituto?
8) El director acepta las propuestas de Marcos y de los alumnos. Explica brevemente qué cambios hay en el instituto después de la asamblea general.
9) Don Ramón no quiere cambiar su manera de dar clase. ¿Por qué les pone entonces a los alumnos una película sobre Pío Baroja?
10) Curri, Natalia y Jorge van al despacho de don Ramón. ¿Sobre qué quieren hablar con el profesor? ¿Cómo reacciona don Ramón?

11) Al final don Ramón, ya loco, habla desde una ventana. ¿Por qué le aplauden los alumnos?

2. ¿El narrador es un empollón?

El narrador es la persona que cuenta la historia, y un empollón es un chico que estudia mucho y siempre quiere tener la mejor nota.
Lee el final del capítulo 2 y explica si, en tu opinión, Jorge Alonso es un empollón.

3. Don Ramón y los Gutenberg

Don Ramón es muy diferente a los Gutenberg y por eso ellos discuten mucho.

a) ¿Qué elementos caracterizan a don Ramón y cuáles a un Gutenberg?

no quiere pensar • le gusta leer
prefiere ver películas • lleva corbata
es anticuado • se aburre en clase
ya no le gusta su trabajo • le interesa la cultura
puede tener un piercing • no hace esfuerzos
le aburre leer • vive en el pasado

b) Ahora escribe un texto en el que describas, bien a don Ramón, bien a los Gutenberg. Naturalmente para tu descripción puedes usar también ideas tuyas.

4. Las clases podrían ser más divertidas

En el capítulo 7 Iván, aunque no es un Gutenberg, le dice a Natalia que los Gutenberg en parte tienen razón y que „las clases podrían ser más divertidas“. Natalia no está de acuerdo con él.

a) Formad parejas en clase. Buscad argumentos a favor y en contra de esta frase y, con vuestros argumentos, escribid un diálogo entre Natalia e Iván sobre este tema.

b) Representad vuestro diálogo delante de la clase.

5. La educación está cambiando

En el instituto de Jorge Alonso sólo tenían tres aparatos de vídeo para todos los profesores. ¿Cómo es ahora en tu colegio o instituto?

Trabajad en grupos. Usad el diccionario para hacer las siguientes tareas:

a) ¿Qué medios electrónicos hay ahora en vuestro colegio o instituto?

b) ¿Para qué se usan esos medios electrónicos?

c) ¿Qué otros medios electrónicos os gustaría tener y por qué?

- reproductor de cedés
- proyector de transparencias
- sala de ordenadores
- aparato de vídeo
- proyector "beamer"
- videoconferencia
- pizarra interactiva...

6. No era fácil imaginar cómo terminaría todo aquello

Con estas palabras termina la novela que has leído, pero tú sí puedes imaginarte un final. ¿Cómo crees que es la situación actual en el instituto de Jorge Alonso?

7. A don Ramón le gustaría este ejercicio

Busca información sobre uno de los siguientes autores y después, delante de la clase, habla durante un minuto en español sobre el autor que has elegido.

- Juan Ramón Jiménez
- Miguel de Unamuno
- Pío Baroja
- Lope de Vega
- Pablo Neruda
- Valle Inclán
- Calderón de la Barca

Ver más actividades en
www.easyreaders.eu